© 2017, Daniel Boch

Editions : BoD - Books on Demand
12/14 rond-point des Champs Elysées, 75008 Paris
Imprimé par BoD - Books on Demand, Allemagne

ISBN : 9782322101009

Dépôt légal : décembre 2017

Paradogmes

Daniel Boch homme de lettres et de théâtre de Strasbourg
avec la complicité d'Olivier Stifter
bok43.dani@gmail.com

Conception - mise en page :
Claude Journu plasticien de l'image, de Besançon
claude.journu@gmail.com

Daniel Boch

Paradogmes

A la recherche du poème perdu ...

*Personne n'est jamais loin de soi-même
Encore faut-il se reconnaitre !*

*Ici, je m'ouvre les vastes pages
du littoral où régne la vague
bavarde, inlassable, indomptable ...*

Pas inlassables de soi
à soi
Ornières rampes rails
pour soi
Pour avoir l'air
de soi ?

Retrouvailles du matin
avec ce soi et ces
Pas perdus de la veille
au soir…

Chaque jour fait le vide
de la vérité
du soir
de chaque soi
de chaque autre !

Sois marcheur d'un pas
de passeur outre
d'ouvreur d'horizons
de penseur
autre
de
soi
!

Ne crois pas que tu écris le monde
comme le nom du propre de l'homme
C'est le monde qui t'écrit de ses mots
de pouvoir sur les mots le regard la pensée
les choses les mots de l'avoir sans savoir
les mots étriqués anémiés au tamis
des dominations aux airs de liberté
Mensonges aux mille couleurs de l'apparence

Même que

d'en être exclu conforte ce monde
comme envers de l'inclus
comme venin du remède
Nous resterait le petit pré enclos
à brouter l'herbe convenue
à cueillir des fleurs sans mystère

L'un L'autre serait le poète artificier du langage pour donner âme au monde et monde à chaque âme. Il n'a pas peur des mots fussent-ils usés, mots-préservatifs, mots barrages, contre. Mots-contre. Mots-pour. Mots-usage. Jetables avec sa poche de semence du branle solitaire. Partouze communautaire inversement proportionnelle à l'isolation humaine. L'autre serait en sa seule demeure d'incommensurable colère. Ses métaphores seraient démontage, ébranlement des métaphores de la profondeur, de l'infini abîme. Coucher la verticalité sur la ligne horizontale du mot à mot aligné malgré tout sur la ligne. L'autre serait le poète qui ne craint pas de se taire quand le confin des villes suffoque ses gestes d'enfant doux et cruel. De la douce cruauté des amoureux d'eux-mêmes. Du lien de soi à soi. De l'enflure de la braguette à la tête qui prend. Tu serais l'autre. Tu me prends la tête poète. Que dis-je, tu me l'as déjà prise, la tête, celle restée en l'exacte place où je fus né. Où je crûs. Où je crus. Retour à la crédence, retour de croissance, retour au *village biologique, en ce jardin aujourd'hui méconnaissable...*

*Je ne sais trop quel poème
me pousse sur la langue
son accès de fièvre
Fleur à ouvrir sa corolle*

Soudain rideau levé
plein feu sur le mentir
vrai ou faux le monde
marche sur la tête
La rétine ne suffit plus
à rétablir l'endroit
en sa vérité de lumière

Soudain la voix défaille
plein tremblé de ce que
disent les mots de ce qui
se fait phrase dite à penser
Le trou dit le trouble
à n'avoir su attraper
au moins une idée par la queue

Soudain la montagne des songes
s'est ouverte comme un fruit
trop mûr pour ne pas pourrir
Elle n'accouche même plus
de la moindre des souris
et les songes n'auront hélas été
que l'immense massif des mensonges
Je ne veux pas survivre
vivre plus que vivre !

Toute joie trop grande
à embrasser le monde
porte en son creux
l'intime de la tristesse
poussière de la pensée vive
sous nos paupières
prêtes à se clore

Le vent d'océan n'exalte
plus la pensée en fusées
à foison en fusion
Rasés ont été les poils
à gratter de l'intime
le rire est obstrué
au fond des gorges
et se vend à la commande
la larme à la menace
Les chemins de la liberté
sont effondrés dans l'impasse
précipice des grands mensonges

Qu'est-ce qui rend si improbable
cet acte d'écrire serait-ce
devant le miroir facile
de soi en reflet de jour
en ombre de nuit ?

Nous attendons la grande pluie
des espoirs fertiles
des rêves ouverts aux grandes fenêtres
de la pensée de l'histoire restée en panne
de lâchetés de petits mots commodes
ressacés resucés contre la toux
des sans cœurs des sans courages
des écervelés en salade ?

Nous attendons le grand vent ébouriffeur
de nos petits tracas qui fera claquer
dans nos cerveaux
le grand souffle sauveur ?

*Ce vertige colossal
en l'intime de soi
donne coupant au regard
volupté à la caresse
densité au goût
alerte à l'oreille
et
à l'être
sa saison*

*La lumière de ma lampe
brûle la main
le bic crisse
le ciel malgré ça
reste gris*

*Toute écriture
est maladresse
en son geste
même
et
en son adresse*

Que vaut le mot seul d'un poème
sans la rage et la rime
sans les larmes et le rire
et les éclats de lumière
parmi l'ombre portée du noir

Que vaut le vers seul d'un poème
à hésiter le passage au suivant
du suivant au prochain
au risque de perdre la strophe

Que vaut la strophe si elle est
Une sans sa suivante si elle
donne la note première si elle
reste au ras du plat des sens

Que vaut la strophe sans refrain
sans ce qui dit en chantant
la mélodie profonde de la pensée
la pulsion de l'être en rythme nu

Que vaut le poème seul
à errer son énigme de chair
à ne trouver ni regard ni oreille
parmi la vague des vagues
le tamis des vies de cendres
l'âpre diaprure des apparences
et les couteaux tirés de l'opinion
dite publique au grand leurre
des chasseurs de sens ?

L'un L'autre serait le poète des pas perdus, des traces énigmes dans la bourbe du chemin, la neige des talus ; de la hantise du retour : Heimweg ; douloureux toujours douleur de ce chemin ; je veux dit l'autre dit le poète revenir sur mes pas ; marcher à l'envers vers l'avenir ; inhumaine contorsion de l'humain ; se dire, dit encore le poète si fort dans son assourdissant silence , se dire - je crois (ce serait inhumain de ne pas croire) - en mon dessein, mon dessin, mon design, d'à-venir, quand ma joue marchait contre l'étoffe râpeuse du vieux manteau rêche de ma mère, quand nous allions entre les jardins tombant du village vers la plaine, marche superbe sous la rosée vers la lointaine ligne de l'aube, ciel fendu, plaie scintillante dans l'infini galaxique, marche au-delà du sifflement de la machine à vapeur sombre jusqu'au wagon de troisième classe où le poète s'assit en sueur et resta sans mot.

**Et l'INquiétude comme INtuition
d'une INcertitude … que de l'IN
et les nuits avec l'ange INsurgé
et les matins encore de l'INattendu
craintifs Et l'IRrespirable devenu**
la norme Et la peur Et le préventif
Le préservatif La protection des biens
Des valeurs du Marché Ultime fétiche
Produits sécuritaires sur le marché
Du bâillon du commerce de la terreur
Du procès de la liberté qui enferme
Qui réduit l'humaine condition
A perdre jusqu'à l'animal qu'il fut
Au végétal qu'il est devenu
France en état végétatif les urgences
Ne suffisent plus C'est aux soins palliatifs
Qu'il faudra avoir recours pour accompagner
La mourante république aux valeurs
Proclamées contaminées par la toxicité
De l'union démocratie europe
Fiction tournée en cauchemar
Du pire du cinéma –carrousel de paroles
Volées sitôt dites Envolées…
**Qu'est-ce qu'il fout l'INdividu INdiscipliné
En INfraction
De cette tortue mentale qui couvercle
L'INhabitable devenu
de notre séjour ?**

Une science de l'ordre
ordonne les corps
contraint les âmes
à filer doux la vie
Les écarts à l'ordre
de vivre une vie
de vivante liberté
sont le privilège
des ordonnateurs
de l'ordre d'une science
du mensonge armé

Nous voici atteints tous
de ce virus endémique
de la haine
Nous voici tous à l'eau
du même mensonge
erratiques en chaîne
Nous voici clamant tous
haut et fort ce que nous
ne sommes pas
Nous voici tous toxiques
à un degré qui aveugle
à se croire plus fort
que la mort que la vie
que l'éternité que la vérité
suprême braillant d'une voix
de vermisseau rampeur lécheur
Limace humanité imbue
de l'élégance de son glissement
si fragile d'une apparence sans coquille
Nous voici tous au terme
d'une histoire que nous ne voulons
ni regarder ni savoir Le présent suffit
à notre bonheur et nos peines
L'histoire est celle qu'ON nous colle
à la peau qu'ON nous instille
nous invase pour gaver à notre insu
ce qui nous reste en friche
de notre cerveau ...

Nous sommes sommes-nous
Epluchures du temps
Inutiles ne servant même
Plus de compost à nourrir
Ces autres plantes d'avenir
A croupir en fumier stérile
Au fond de sacs poubelles
Nos vies n'auront été
Que labeur et larmes
Rires et joies vains
Voués à l'oubli
Rien plus ne se transmet
De nous sauf quelques
Effluves de mémoire
Frelatés – le pire
des mauvais alcools
qui soûle âme et conscience

Nous sommes sommes-nous
Si indignes de nous-mêmes !
A nous laisser envahir
Par tout ce que jamais
Nous n'avons voulu !

Le voile des discours
s'est abattu sur nous
poussière toxique de mots
ligotant nos souffles
crevant nos tympans
tambours de la haine

Nous ne regardons pas le monde
comme si nous l'avions fait
Les choses vivent d'elles-mêmes
sans le parti-pris de nos regards
Ne cherche pas la maladie
dans le bosselé de la sphère
A la manière de nos cerveaux
cherche ce qui ouvre
au nouveau du regard

*Je ne me reconnais plus
du monde nouveau
Je ne me reconnais plus
du monde ancien
Le bruit des mots
d'aujourd'hui est trop
assourdissant,
Le bruit des mots
d'autrefois est trop
assourdissant,
à hurler l'ancien du nouveau
à hurler le nouveau de l'ancien
Et faire ainsi beaucoup de bruit
pour rien !*

*Il n'y a plus de temps
pour la sagesse de soi
ni pour celle des nations
Le temps a fui de ses
trop vieilles conduites
souterraines et sordides
rongé par la rouille
du mensonge d'éternité
de soi et de toi et de moi
sans l'humble pourquoi
mais pour quoi
Il n'y a jamais
le temps de l'être
le jouir est hors
tout temps compté
à bours et à rebours
Je n'écris pas contre le temps
J'écris à contre-temps à pas
non comptés J'écris en non
comptable sans compter
sans peser avec la légèreté de la plume
trempée dans l'encre des grandes pluies
fertiles de l'Histoire humaine
recueillies au creuset
des eaux claires du logos…*

Cette plénitude à porter
lourde de ce qui fait poids
d'une vie au regard retrait
Aujourd'hui ressac de tant
d'expériences on disait ça
autrefois des hommes des femmes
qui ont agi qui ont fait
qui ont appris qui ont pensé
et ce qui reste aujourd'hui
c'est cette sapience
ce savoir venu à soi
du fond de nos corps
de nos âmes sagesse
et inoubliables saveurs
qui à la fois nous emplit
et nous désempare
dans le retrait du monde
qui est devenu notre lot
chaque jour chacun écrit
son testament et dit
ses dernières paroles ?

Le temps a façonné
la falaise Nos vies
de glaise grise
abrupte
Ses stries en lignes
se brisent
se lisent en histoires
feuilles à feuilles
de granit
de la mémoire

Veille la falaise
nos vies grises
Au bord du gouffre
fleurit la cryste marine
Et ce rose bruyère

La couleur n'a pas séché
que déjà la page est tournée
La dune mouvante
dessine à notre insu
l'insulaire littoral
littéralement

Je n'habite pas le temps
des horloges éteintes
qui se fait sa saison
d'un soi et d'un monde
éteints

Je ne marche pas
au pas du temps
Je marche un temps
sans prix
sans retenue

Je marche le temps
du fil ténu
de l'esprit

J'habite le temps
funambule
de l'étreinte
radicale

L'écume noire de la nuit
fait frange au sommeil
Nous sommes dépris de nos rêves
qui charpentaient nos jours
Qu'arrive-t-il donc aux humains
pour donner tant de charme
à la fange pour s'y vautrer ?

Nous sommes faits aussi
de tout ce que nous n'arrivons pas à dire
Encore moins aujourd'hui où les mots
peuvent être pris à tant de râteliers de science
et crachés en invectives et mensonges en sens
retournés détournés dévoyés ou encore
plus souvent répétés et radotés sans savoir

Nous sommes faits aussi
de toutes les confluences fluctuantes liquidités
circulatoires intimes et cosmiques, intenses
et lentes, foudroyantes
Et pour en faire quoi ?

Nous sommes faits aussi
de gouvernail de boussole d'élan de pesanteur
de turpitude et de ce Wahnsinn de l'esprit
de toutes les hauteurs
et de toutes les bassesses de crasses de caniveau
Nous sommes de cime et de gouffre de désert
de jungles de désirs de plaisirs simples
de jouissances sans nom qui nous hantent
nous dominent

Sommes-nous vraiment orchestre de notre souffle
de nos gestes du chant de nos pensées
pour au final interpréter quoi ?

La vague est immobile du temps
Vivre reste l'énigme
tout comme mourir
Une pensée qui me traverse
ni triste ni craintive
ni pensive
simplement qui traverse
la vague immobile du temps

Le vent fit clore les yeux
rendit inaudible la voix
Nous n'étions ni aveugles
Ni muets Nous n'étions pris
que dans la tourmente
non dans le tourment
Pourquoi alors d'un infime
écart de vocabulaire
s'interdire de penser
et bêler sa soumission
au geôlier du parc humain ?

Et cette liberté d'être né pour être.
En ce temps où la police mentale a sorti des stocks de son arsenal toutes les armes du mensonge, de la menace, de toutes les séductions dures et molles de la soumission, pour ramper et lécher les bottes !
Il s'agit de s'ébrouer !
Comme ces hippopotames au sortir de l'eau d'un fleuve équatorial, comme ces oiseaux réveillés par le rai matinal du soleil dans leur nid de fortune !
S'ébrouer !
Serait simplement affirmer sa liberté de corps et d'esprit en son mouvement. Les vents contraires auront tort de s'obstiner à vous contraindre. Vous aurez trouvé le geste et la parole à vous tenir contre vents et marées. Sans vous forcer. Juste à vous laisser aller. Contre. A chaque instant contre. Contre la chape coulée des agents actifs de l'arsenal destinée à vous écraser au nom de toutes les « libertés » proclamées, assénées à coups de gourdins, d'armes à et sans feu, d'instillations toxiques !
Et cette liberté d'être né pour être
ne peut s'imaginer aujourd'hui qu'à deux, hors toute norme, toute contrainte. Radicale.

L'être existe de l'autre
porté au plus intime
de soi Source à devenir
parole vive de joie

Si peu de lumière
quand nous étouffe
des mots la matière
toxique par touffes

le vertige horizontal
de l'indistinct
en rhizome radical
de l'instant

Quand le poème me saisit
battement au rythme de l'**être**
le vol en spirale enroule
la puissance du choir d'être
en lutte haute et boule
de vertige du tourbillon
arraché au corps à l'esprit
Le labyrinthe du coureur de fond
qui s'empêtre qui pleure qui rit
si grand si petit à tourner en rond

Homme,
de l'**être** n'aie pas mépris
Il suffit de n'avoir plus un rond
pour faire le pas qui n'a pas de prix
ni de prisc face aux grands émois
du progrès de jour en jour démentis
pour l'humble ferveur qui suffit
à l'éveil au jour de nos petits esprits…

Le tracé est rude sur la montagne de cendre
Et nos paupières ont brûlé hagard le regard
La mémoire a fondu aux deux pôles du cerveau
L'eau sale de toutes les turpitudes a monté
Jusqu'au ras des lèvres et de la parole juste
La route est rude parmi les détritus du progrès
Aucun souffle ne saura-t-il jamais plus
Disperser la cendre assécher les grands
Marécages de tous nos ravages
Et remettre en marche la respiration
Lente et profonde du poumon humain
Le souffle calme et lent et long de l'être ?

Sur le seuil entre fournaise
Et glaciation le pas hésite
A franchir du pareil au même
Au-delà de l'éblouissement
En douleur En douceur
La peau de toute pensée
A brûlé La scorie règne
Sereine princesse noire
Morte toute lumière
Sans regard Sur le seuil…

Qu'entend-on quand on n'entend plus rien
Quand le silence même est mort sans vie
Sans regard sans éclat quand la bascule
A eu lieu de l'en-deçà de l'au-delà
Quand les rumeurs même de l'inaudible
Se sont tues quand le vent a plié son éventail
Quand le souffle s'est à jamais retenu
D'inspirer et expire
De ce continent du silence
Je voudrais mon écriture
Dans l'exactitude des mots
Introuvables et le trait précis
Des rêves de silence
Le silence radical du rêve
J'ai beau rester muet sur la rive
La barque du silence s'est engloutie
Dans l'opaque d'une nuit
Hyperbole du noir

Je ne vois rien venir !
dit la princesse aveugle
sur sa plus haute tour
Je ne sens pas le vent
qui a tourné en cendres
mon regard
Je n'attends plus
la venue des pluies
fertiles de l'amour
ni la chaude étreinte
des draps d'amour

Il est temps de donner
libre cours à la pensée
dit la princesse aveugle
sur sa plus haute tour
de creuser les tranchées
de l'exacte exigence de vérité
au couteau acéré de l'intime

Il est temps de donner
orgueil à l'humble geste
d'arracher le voile
qui masque le réel derrière
les fumées toxiques
les brumes actives
du mensonge du jour
et des masques de la nuit
dit la princesse qui enfin
avait retrouvé la vue !

Une voix ouvre le jour
gris de lumière
encore retenu
inaudible

Un œil ouvre le jour
rai broussailleux
de l'arbre
nu

Une main ouvre le jour
au tiède de la nuit
promesse caresse
retenue

Un souffle ouvre le jour
filet bruissant du rêve
d'un jour
neuf

Un matin ouvre le jour
fenêtre du temps
volet claquant
le présent

Sur le rebord de la nuit
S'est assis
Le regard sans bruit
De l'épris
A l'épreuve de l'ombre
Sobre
S'allument les étoiles
En nombre
Le temps court
Gazelle d'ombre et de lumière
Hier est loin
Sombre sombre sera
Demain
Seul l'éclat de l'instant
Vit ?

Le poème naît de la voix
Qui dit sans savoir
Les grandes joies et les désarrois
De l'intime éclat
Que le propre de chaque vie
Fait vibrer en soi
Le poème est peau de tambour
Qui résonne de bruit, du chant
De l'inaudible du monde
Et de soi…

Toujours appelle ce que j'appelle
Poème vibration et lumière
Dans la nuit du grand jour
Quand le zénith scintille
Et diffracte les vérités du midi
Aux rayons assassins du mensonge
D'une humanité imbue
De ce qu'elle croit être devenue !
Poème alors ce couteau en travers
De nos gorges bouches lèvres
Cherche à rendre audible
La voix inouïe des tréfonds
Le puits central de l'être
Que nos oreilles saturées
Du son crétin de la distraction
S'ouvrent au temps nécessaire
Non comptable de l'exigence
D'absolue vérité !

*Rien ne se passe
Aucune voix ne traverse
La rue de neige glacée
Le vent seul fait crisser
Le rosier famélique
Devant ma porte*

*Rien ne passe quand
Pas le moindre
Quelqu'un ne vient
Caresser de sa présence
Quand brûle l'absence
A côté de moi*

*Rien passe comme
Quelque chose comme
Quelqu'un j'ai cru
Avoir entendu dire
Un nom de passage
Inaudible*

*Où court donc le poète
Sous les pluies de la plaine
Quand les cimes cisaillent
La glace de nos âmes
Par-delà les nuages
Noirs*

Les peupliers au chant froissé de leurs feuilles
restées d'avant
Se dressent, témoins du chemin de bourbe,
la douleur…
Les cyprès, noirs fuseaux crissent, dessinés
au fusain…
L'hortensia a gardé ses grappes de couleurs
roses bleutées,
Ses bleus blancs pastel et le vert aigu
de son feuillage…

**Ouvrir l'année comme on ouvre une fenêtre
Un nouveau regard…**

Le temps s'est dilaté tordu de douleur
en formes dilatées
Le poème se froisse. Il viendra
quand je ne l'attendrai plus….

La couleur est lumière
à l'intérieur de nous-mêmes
couleur de gouffre en son magma
central où se meuvent
les astres de l'immémorial
l'éclat incessant des naissances
de l'être et des ombres
du semblant qui chatoie

La couleur est visage
au jardin de nos saisons
Elle est mémoire et promesse
tremblement du profond
miroir où voguent les nénuphars
où fleurit le singulier
du jour et l'extase plurielle
du ciel de nos nuits

La couleur est substance
de nos âmes dansantes
Le noir est le deuil coassant
des eaux mortes de nos cœurs
Nous irons dormir sur le gazon
de nos chairs à la peau
de lumière Ô tant de couleurs
à fleurir le sens de nos vies

**La couleur est arc en ciel
comme sur la terre ...**